동부꽃 필 무렵

임종본 시집

동학사

■ 시인의 말

별빛이 열어주는 길

칠월을 더 깊게 하는 것은
풀숲을 밝히는 이름 모를
풀벌레울음이다
사방은 이제
어두운 비 그림자로 묻히는데
경건한 자연 숨을 낮추고
낙숫물 소리 해박한 박자로 호흡하는
칠월 장마
뜰 아래 빼꼼히 올려다보는
앉은뱅이 채송화 다정하게 웃고 있다
시는 나에게로 다가서고

2024년 9월

임종본

동부꽃 필 무렵   임종본 시집

- 시인의 말 3
- 작품 해설 125

갈 길 잃은 갈대는 그 자리에
　서 있다 • 9
세월이 흐른다는 것은 • 10
지금 이 순간 • 11
세모歲暮에 • 12
언제나 새날 • 13
내 마음 안에 핀 한 송이 꽃 • 14
소나무야 • 16
화순옹주 • 17
대나무 • 18
아름다운 고집 • 20
그리운 아버지 • 22
샤니에게 말을 걸다 • 23
하얀 목련이 질 때 • 24
밀 익는 냄새 • 25
5월을 간다 • 26
신호등 • 27
여름 산책 • 28
있는 그대로 • 29
자맥질 • 30
소쩍새 • 31

길 떠나는 매미처럼 • 32
가을의 연서 • 33
그럴 수 있어요 • 34
중추가절 • 35
언제였을까 • 36
일소일소 • 37
가슴앓이 • 38
황태콩나물국밥과
　깍두기 • 39
청마의 언덕 • 40
먼 길 • 41
기억 저편 • 42
소한 추위 • 43
사람의 온도 • 44
비금도 섬초 • 45
설 마중 • 46
역사 • 47
사람들은 기다리는 가슴을
　껴안고 산다 • 48
틈새 • 49
셈 치고 • 50

그리운 봄아 • 51
봄새 우는 까닭 • 52
마음의 길 • 53
말 • 54
5월 • 55
시의 속살 • 56
다시, 희망 • 57
위대한 약속 • 58
청개구리 구슬피 우는 밤 • 59
7월의 노래 • 60
한탄강 번지도약에 서서 • 61
다녀올게 쉬고 있어 • 62
팔월의 소찬 • 63
묵언 • 64
조선호박잎 • 65
동고동락 同苦同樂 • 66
생명의 소리 • 67
그랑프리 • 68
가을 길 • 69
허공 • 70
죄인 • 71

그리움 • 72
너를 내 가슴에 품고 • 73
행복한 간이역 • 74
어느 가을도 지고 있구나 • 75
캐모마일차의 위로 • 76
겨울나무 • 77
내가 좋아하는 사람 • 78
지금 이 순간 2 • 79
군고구마와 동치미 • 80
두문불출 • 81
어머니의 기도 • 82
오해의 씨앗 • 83
겨울 이야기 • 84
삶의 귀환 • 85
숙녀에게 • 86
엄니의 자산 • 87
사슴 한 마리의 덕목 • 88
왼손이 오른손에 하는 말 • 89
아름다운 사람들 • 90
들빛 • 91
귀천 • 92

부처님 오신 날 • 93
하지의 밤 • 94
7월의 뜰 • 96
삼시 세끼 • 97
전원일기 • 98
개여울 • 99
뭉게구름 • 100
괜찮아 • 101
삶의 영토 • 102
순리 • 103
동부꽃 필 무렵 • 104
구월이 내리면 • 105
새벽닭 • 106
정 • 107
금빛 미소 • 108
절정 • 109
AND SAPGYO • 110

시 쓰기 좋은 날 • 111
시월에 • 112
마곡, 산사를 걷다 • 113
청어 DNA • 114
홍시 • 115
삶이란 • 116
염색 • 117
어머니의 십만 원 • 118
훌륭한 음악과 불멸의 시 • 119
다섯 살배기 손주 • 120
누구나 가슴속에 새 하나쯤 • 121

임종본 시집

동부꽃 필 무렵

Poems by Lim jong bon

갈 길 잃은 갈대는 그 자리에 서 있다

김장 무 푸른 밭을 서걱이는
겨울 찬바람이 산사태처럼 주저앉은
정오의 짧은 그림자와 포개져
온천둘레 길을 걸으며
함께 걷던 갈대여

외양간에 서 있던 아버지의 암소처럼
큰 눈을 닮은 아낙이
반가운 마음을 표시하며 손사래를 친다
그토록 젊은 날에 바삐 살더니만
느긋한 걸음걸이가 편안해 보인단다

내년 5월이면 바닷물처럼 넘칠 일
청보리 싹 푸른 바다 이루며
탄신 100주년을 맞은 조지훈 시인
연보처럼 빼곡하고 그 밭둑에는
갈 길 잃은 갈대 그 자리에 서 있다

세월이 흐른다는 것은

맞이하고 보내준 수많은 날들 중
어디에 있어도
잘 지내고 있을 것만 같은 믿음으로
해 저무는 노을진 강처럼
출렁이던 순간들이 쌓여 가는 것
어둡는 줄 모르고 로다 앞에 서 있던
아들의 어린 모습을 닮은 손자를 보는 일이다
양지에 어리는 햇살만큼
이 세상 어디에서도 늠름하셨던
세월의 양분을 나누어 가지며
한평생 품속에 들고 나는 사랑처럼
함부로 비난했던 아버지와
부엌 속에서 쉽게 나오지 못했던
어머니를 생각하며
해지면 달지고, 달지면 해를 넘기며
오늘도 그리움의 먼동이 밝아오는 것
내 손의 각도를 맞추는 일이다

지금 이 순간

유유히 흐른 세월을 타고
순간의 영혼을 담아
오늘도 우리는
새로 태어날 내일을 꿈꾼다
애월애의 해풍에 손을 담근 채
이순을 안고 온 그림 함께 나누며
가장 멋진 웃음 하늘로 솟아오르고
이 세상에 그 누가 부러울까만
해삼 한 토막 소주 한 잔에
가슴 속 그리움으로 지고
추사 선생의 생애처럼
바람 같은 내 삶의 작은 움막을 짓는다
하늘과 바람과 햇살
그리고 너와 나의 여행길에서
내일을 위하여 가누나 우리는

세모歲暮에

멈출 수 없는
시간 속에서
하루쯤 머물며
기억의 정거장 저만큼
걸어갔을 그 길을
생각한다

깊은 밤
소리 없이 쌓이는
함박눈 위를
외로운 등보이며
걸어갔을
그 사람도 생각한다

언제나 새날

걷다가 보면
때로는 힘들고
서러운 날도 있으리라
쓸쓸한 추억처럼

걷다가 보면
때로는 힘들고
외로운 날도 있으리라
혼자 우는 눈물처럼

걷다가 보면
쨍하고 해 뜰 날도
눈부시게 찾아오리라
뜨거운 심장 소리로

걷다가 보면
희망찬 붉은 태양도
어둠 속에서 솟아오르리라
언제나 새날처럼
그렇게, 그렇게

내 마음 안에 핀 한 송이 꽃

알베르 카뮈는 말했다
'우리들 생애의 저녁에 이르면,
우리는 얼마나 타인을 사랑했는가를 놓고
심판 받을 것이다'

서로의 향기로 대화를 나누는 꽃은
말이나 숨결로 서로를 확인하는
인간보다 훨씬 우아한 방법으로
서로를 사랑하는 것이다

어떤 대상을 바르게 이해하려면
먼저 그 대상을 사랑해야 한다
이쪽에서 따뜻한 마음을 열어 보여야
저쪽 마음도 열리기 때문이다

사랑이라는 온도와 지혜라는 빛으로
타인을 위해 발휘될 때
부드러운 말 한마디와
따뜻한 눈길이 서로에게 스미는 것이다

볼우물이 예뻤을 때 모르던 일들을
한 해 두 해 해를 보태면서
하나는 지혜의 길을, 다른 하나는
자비의 마음을 꾸준히 익혀가는 일이다

소나무야

사계절 어디에서나
누군가 바라보는 사람 없어도
한결같은 초심으로 길을 걷는다
결코 바스락 소리를 내어 관심을 끌지 않고
내 고향 그 언덕 그 자리에
끄떡 없이 지키고 앉은 소나무야

이 세상 누구에게도 원망하지 않는
올곧은 마음으로
푸른 하늘만을 믿고 사는 친구야
저기 푸른 하늘에
두둥실 떠 있는 한 조각 흰 구름 벗 삼아
그저 바람이 부는 대로 흔들리는 대로

진정 여유 있는 삶을 살아가는 진솔함
가진 것만큼 만을 사랑할 줄 아는
그 심성을 부러워하자
누구하나 마음 아프게 하지 않고
오직 사랑하는 마음 하나만 가슴에 담고
눈 내리듯 구름 흐르듯 그렇게 바라보며 살자

화순옹주

모란꽃 조선 여인
고택 뜨락에 내려오셨다
스란치마 끄는 소리 들릴 듯
뒷산 뻐꾸기 울음 동무하러 오셨다

아득한 이별처럼
찬란한 슬픔처럼
자줏빛 생애
모란꽃 저 여인

대나무

봉분이 낮아진 아버지의 집
상수리나무 이파리들이
반짝이고 있다
솔바람 소리를 듣고 자란 대나무 숲에서
아버지의 잔기침 소리 들리고

역사의 진수를 모르는 내게
영의정 8대손 조상을 뫼신 집안이라고
귀에 집을 짓고 기둥을 세우셨던 아버지
대나무의 푸름과 곧은 절개를 닮으라고
담장을 두루셨던 신기루 같은 푸른 꿈

절절이 내려놓고 떠나시던 그 날
살아생전 당신이 돌아갈 집을
손수 엮으시며 얼마나 서러우셨을까
그토록 원하셨던 득남의 희망을 접고
나락처럼 희미해진 당신의 노후

떠나신지 30년의 세월을 익히며
이제야 그 맥을 어렴풋이 짚어보네요
그토록 귀하고 귀했던 이 여식의 하교가
긴긴해 버거워 창문 넘어서 지켜보시던
모습 지금도 선연한 가슴속 아픔입니다

아름다운 고집

자연 바람을 껴안고 사는 내게
두엄 같은 한 사내의 고집

전라도 강진에서 18년 동안
삶과 죽음이 오가는 유배 생활을 견디며
500여 권의 저서를 펴낸 다산처럼
끈기와 집착으로 발굴해내는 농요와
사라져가는 어랑소리를 힘 있게
이어오는 집념의 사내

전문성이 없다고 말을 하지마라
소가 논갈이 밭갈이 하며
쏟아내는 분뇨까지 생각하면서
기운을 얻고 희망을 본다고 했다
다산은 사약이 언제 배달될지 모르는
유배지에서 차를 즐겼다

오늘도 내가 건강함에 감사하고
숨 쉴 수 있음에 감사하는 마음으로
흙냄새 일구며 하얀 이를 마주하며 웃는
사내의 검은 피부가 거칠지만 곱다

그리운 아버지

해오름달 스무 닷새 날 어슴프레한
여명이 등 떠미는 시간
하현달 닮은 아버지를 뵙는다
절대 곳간에 곡식 떨어지는 것을
수용할 수 없으며
그 누구에게도 뒤지는 삶을
용납 못하시던 당신의 환갑잔칫날
비로소 아들자식 못됨을 개탄하시던
서러운 눈물을 기억합니다
혹여나 하셨던 손의 기대를 접고
평생 적적한 시간을 달래시느라
무수히 동행했던 낚시터의 노을진 호수
영의정 후손임을 되새김하시며
하염없이 걷고 걸었던 산책길에서
당신의 생신을 지내고 닷새 만에 얻은
계집아이를 그토록 애지중지
쓰다듬던 따순 손이 마냥 그립습니다

샤니*에게 말을 걸다

깃털 품은 버들강아지처럼
햇살 맞으며 걸어 나온 샤니에게
묵은 이야기를 건네는 아침
고롱고롱 할 말이 많다고 한다

7년쯤 되었을까?
갑작스레 야옹이를 노래하며
내 품으로 파고들어 속삭였던 시절이
어느덧 세월이 간데없듯 온통 잿빛
보드라운 깃털이 퇴색하여 희뿌여졌다

하지만, 우리는 할 말이 많다
그동안 식구들은 얼만큼 늘었는지
재 넘어 오솔길 살던 고향집 친구는
잘 지내고 있는지
속살거리는 봄처럼 보드랍다

---

* 7년전 붙여준 고양이 이름

하얀 목련이 질 때

눈부시게 벚꽃이 피어나는 4월이면
어김없이 찾아오는 시련
가슴팍 시려운 아픔을 맞이하며
하얀 목련이 핀다
올해로 벌써 서른 다섯해를 지내온 아버지의 부재
이 세상에 태어남을 선물하신 당신
제게 존재를 자리매김 하셨던 숱한 추억과
상실까지 지배해주신 그 품속을
더 이상 깨우쳐주시지 않아도 생을 알게 되고
돌아서지 말아야 할 이유를 배웠습니다
떠나시기 전에 차마 모른 사랑을
부재하신 후에야 어리석음으로 깨달은
철부지였던 제 자리에 가이 없이 커다란
기둥이 되셨음을 땅을 밟아본 후
하얀 목련이 하얗게 지고서야 알았습니다

밀 익는 냄새

만물이 끊임없이 움직이는 5월 하순
이 세상 명확한 의미와 분위기로 남은
향기에 취하는 경건함
맛으로, 냄새로, 색채로, 풍경으로 담은
고향을 전해주는 바람
매일 새로운 것을 발견할 수 있는
산책로에서
거리의 역사와 기억을 채집하는 아침
가헌 박성흥 선생, 고운봉, 추식 선생
다두 김상식, 김기동 목사의 순애보로
그려진 예산의 고향
함께 지켜온 충청의 기류를 가르며
부드러운 밀알의 노래를 익히며
운무가 내린 수암산은 정신을 놓는다
꿈처럼 드넓은 전망이 또다시
충청남도 내포 신도시에 펼쳐질 테니까

5월을 간다

어둠이 걷히고
푸르른 대지 5월을 간다
경건한 마음으로 바람 속을 간다
희미해진 사랑과 꿈과 희망들
물결처럼 떠나보낸
속절없는 청춘이여

성난 파도의 일렁임만큼
5월의 밀밭에 더 큰 파도가 친다
가고 없었던 꿈처럼
야무진 내 가슴팍에도
파도가 넘실댄다
저 거대한 환희와 기쁨의 5월
파도가 넘실댄다

신호등

사람들은 누구나
푸른 신호등을 좋아한다

국경을 넘나들며
전 세계의 인류에게
적색 신호등을 밝혀온
코로나19의 긴장은
아스트라제네카,
화이자, 얀센에게 밀려
이제는
황색 불에서 벗어나고 있다

푸른 신호등을 기다리듯
곧 바뀔 수 있음을 믿으며
인류의 빛은 회복 중이다

여름 산책

풀벌레소리 산을 정복 할 때
귓가를 스치는 바람과
어깨에 내려앉는 햇살을 어루만지며
두 다리로 그려나가는 시간과의 대화에서

쏟아지는 추억의 전주를 따라
그림을 채워가는 일이다
길에서 나를 만나는 일이다
노을빛 그리운 호수의 만조를 채우는 일이다

있는 그대로

몸과 마음이 행하거든 그대로 하라
그물에 걸리지 않는 바람 따라
바람이 불어오는 곳으로 가자
그 방향으로 자연과 함께 순응하며
첫 발자국을 따라서 가리
다 이렇게 살면 될 것을
바람의 말에 귀 기울이며
예부터 낮은 곳으로 흐르는 물처럼
그렇게 살아도 되는 것을
잘난 것만 보지 말고
못난 것들을 보듬으면서
미워하지 말고 용서하며 세월의 흐름 따라
더 큰 영화를 누리겠다고
아등바등 살지 말고
익어가는 가을 감나무의 홍시처럼
내 안에서 익혀 갈 수 있는 지혜를 품으리라

자맥질

영그는 곡식 살찌우는 성하의 계절
풋풋함이 배어나오는 조롱박 꽃그늘 아래
개울물 따라 흐르는 새벽달 건지며
잰걸음으로 풍경에 든다

가슴속 아우성이 걸음을 재촉하고
처음 보는 수풀에서도 삶이 바쁘다
머나먼 극락정토極樂淨土에 이는 바람과
사바세계에 흐르는 물결을 어우르지 못하네

서풍에 기대여 욕심내보는
아이가 자라난 엉성한 추세로
갈등을 헤아릴 수 없으니 멈출 수 없는
삶의 귀로에서 근심어린 시간이 곤곤하다

소쩍새

어둠 깊은 8월의 숲 속에서
아슴아슴 소쩍새 운다
옥수수수염에 숨어든 여치가
밤새워 벼를 짜던 밤 구슬피 울었던
그 곡조를 잃어버리지 않고 '솟적다'고 운다
소화의 소망을 빌어
눈물 젖은 목청으로 이산 저산 누비다가
스러지는 달빛 품은 채
떠나간 님을 찾아 기약 없이 운다
빛을 잃은 까만 밤에
반딧불이 등을 타고 파랗게 운다
은하수를 넘어 목성까지 아프게 운다

길 떠나는 매미처럼

입추에 묻어오는 바람이 온몸으로 스민다
길을 누비던 열대야의 밤을 지새우고
은하계의 초롱초롱한 별빛 계곡으로 스밀 때
반딧불이를 따라 숲 속을 헤매던 걸음
추억 따라 잠들어버린 지금
청개구리의 엷은 울음에도 목이 메인다
소낙비 타고 곡성을 높이던 그 애상
7년을 견고하게 닦아온 매미의 화려한 여름
열정으로 사랑하고 스러지는 계절
엄마의 잉태가 그러하고
숱하게 지새운 어버이의 고뇌가 그러하고
아이 낳아 기르는 정성이 그러하듯
노부모 살갗의 메마름이 그러하듯
입추를 넘어서는 길목 매미의 울음이 그러하다

가을의 연서

툭! 하고
떨어지는 가을을 보면서
초저녁에 스며들던 아버지와의 숲길
이맘때쯤이었지 싶다

등성이를 넘고 울퉁불퉁 산길을 지나
큰댁으로 가던 제삿날
조막손을 당겨 두루마기 주머니에서
꼭 잡아주시던 체온

구태여 봉송꾸러미를 마다하시고
내 손을 잡고 돌아오던 고갯길에선
지금도 뻐꾸기 울고
구절초 자지러지게 피고 있겠지

그럴 수 있어요

처음으로
이 땅을
밟고 섰던 그날처럼
알 수 없는 일들을…

내 나이가
처음인데
어떻게 알 수 있어요?
잘 살고 못 사는 것을…

알쏭달쏭 지난 일들
크나큰 허물이라 하겠으나
지나보니 알겠어요
세월이 유수라는 것을…

중추가절

무수한 별들의 노래와
서넛의 천둥소리가 익혀 온
오곡백과의 결실을 품은 계절
곳곳마다 온정과 축복이 함께하는
한가위 보름달처럼
지칠 때 만나면 좋은 사람들 모여
소곤대는 별들의 이야기로 익어가는
여름밤처럼 깊어가는 밤
만나는 사람 모두가 희망을 말하며
행복을 전하는 사람이 되어
위로를 만드는 세상
열일곱 살 나이처럼 두근거리는 가슴
여름날 개여울에 나와 앉은 소녀처럼
쉬이 잊지 못할 그리움의 밤이 흐른다
박이 익어가는 가을날의 태양만큼
뜨거운 사랑 있으니
멀리 있어도 외롭지 않을 가슴 품으리라

언제였을까

나락의 무게가 점점 두터워지는 가을날
참새떼의 출처를 묻고 싶었다
어디에서 찾아 왔는가를
들판에 모든 꽃들이 수그러지고
아침 이슬마저 허수아비의
춤처럼 가벼워 질 때
갑자기 드리우는 그리움

지난했던 가난을 경험하지는 않았어도
새벽마다 뱉는 아비의 기침으로
세상 물정을 눈 뜨던 시절
앞으로 다가올 삶의 무게를 반추하며
또 그리움의 조각들을 맞춰나갈
내일을 받아드렸던 것이다
안개 속에 피어오르는 오늘의 아침처럼

일소일소

청명한 하루 속에
함께 할 수 있음을 감사하며
좋은 마음 나누어
행복하기를 바라는 마음
전할 수 있음에 감사하며

작은 힘으로 미약하지만
당신에게 특별한 위안이 된다면
세월이란 기억 속에 잊힌다 해도
우리가 함께한 마음들이
살아 숨 쉬는 오늘

마음 나눌 수 있음을
마음껏 행복하다고 말해요
당신과의 큰 인연
세상에 하나밖에 없는
특별한 인연을 사랑하겠오

가슴앓이

살아간다는 것은
하루를 빚어내는 일이며
다가오는 내일을 섬기는 일이다

지나온 과거를 돌이킬 수
없는 것처럼
어제가 없는 내일을 빚을 수 없다.

가늠할 수 없는 미래를
날마다 주억거리지 말고
존재하는 현실을 섬기는 것이다

황태콩나물국밥과 깍두기

소슬한 저녁나절 옷깃을 여미며
국밥집에 앉아 차림표를 보다가
황태콩나물국밥을 주문한다
속초 어디쯤 바닷가 언덕을 끼고
해풍을 벗 삼아 겨우내 뒤집혔을
북어의 눈을 생각한다
두고 온 고향을 바라보다가
질끈 감았을 동공이 몰린 그 눈이
어쩌면 강릉 앞바다 였을까?
소리치며 뛰어 놀기도 하였을 고향
산산이 부서지던 파도를 타기도 했을
그 가족을 바라보며 눈 감았을 것이다
제주도 최남단 남원쯤에서 자란
연하디 연한 무우로 담근 깍두기 얹은
국밥의 숟갈 수효만큼 남단과 북단의
이야기가 깊어가는 밤 천둥소리마저 깊다

청마의 언덕

뱃고동소리로 열리는 너른 바다를 품고
르네상스의 문화적 산실이 한약방에서 움터
통영을 지배한 현대문학의 거장들
그 행진은 아름다웠노라
이영도의 사랑을 바탕으로 행복을 꿈꾸고
영원한 실루엣을 완성한 그 자리
철물점 모퉁이를 돌아 골목을 오르면
오늘도 문화의 거리엔 풍요로운 달빛 그윽하다
청마의 화동으로 발자국 옮긴 대야 선생
마을마다 아름드리 꽃으로 피어나고
문학을 걸머지고 어깨를 나란히 견주었던
청마의 고향 둔덕이 통영에 등대로 서 있다

먼 길

아직은 걸어갈 길이
쬐금 더 남아 있을 것 같아
많이 걷고 또 때로는 뛰어 왔지만

단발머리 시절엔
푸른 상추밭처럼
뭉게뭉게 피어오르던 꿈

어느 날 추수 끝낸 들길 따라
잎새에 일던 바람
모두 떨군 고욤나무

숫제 말하지 않고
낮달에 숨어 서성이는
흰 구름만 같아라

남은 건
첫눈 내리는 날 함께 걸어갈
꼭 닮은 발자국이 될 거야

기억 저편

온종일 눈은 나리고
사브작 사브작 눈길을 걸으면
아스무레 떠오르는 생각들
오두막집 등잔불처럼 환하게 피어난다

해저물녘 구수한 고구마 냄새처럼
훈훈하고 풋풋했던 시절
눈은 푹푹 나리고 성처럼 쌓이던 밤
유년의 산골로 가는 길은 이미 덮이고

어둠과 함께 내리던 출출이 울음소리
내 속에 고조 곤히 들어와 앉을 무렵
작은 마루에 벗어놓은 어머니 행주치마
산등성이를 서성이던 아버지 마른기침

소한 추위

대한이 찾아와 얼어 죽는다는 소한 아침
재잘대는 청둥오리 무리지어 날 때
가슴을 담근 채 미동 없던 백로 한마리
둥근 원을 그리며 덩달아 난다

어떤 것도 대가 없이 얻어지는 것
없음을 아는 철새들
하늘에 뜬 바람결 따라 날고
일한 만큼 노력한 만큼 받게 됨을 깨달은
소크라테스는 기척 없이 살았지만

그 훈육 만큼은 현세에 이르기까지
완판된 베스트셀러만큼 섬기며
스스로의 무지를 자각하고자 했던
문답에 대한 이상은 지금도 함께 살고 있다

사람의 온도

하늘은 푸르고 대설이 다녀 간 아침이 시리다
언제부터 였을까
자동차의 시설이 고급화 되면서
시동을 켜면 온풍이 나오다가
의자에 온돌방 아랫목처럼 따뜻하게
열선이 설치되면서 동절에 느끼지 못하는 부귀
이제는 운전자의 시린 손을 위하여
핸들에도 전열이 보급되고 있단다
간 밤 내렸던 저온으로 호수가 꽁꽁 얼었고
다가오는 3.9 대선으로 국민들 마음 또한
한창 고조 되고 있다
겨울이 아무리 추워도 반드시 봄은 오듯
시대가 얼고 계절이 얼어도
사람과 사람의 온도만큼은 결코 홀대 할 수 없어라

비금도 섬초

대한을 보내고 전국에 내린 한파가 봄을 섬기듯
한낮에 기온은 제법
온화한 배려의 시간을 선물한다
삼국시대에 이어 조선시대 많은 유배 가족이
옹기종기 이웃해 살면서 마을이 형성된 비금도
지금은 섬초들 미소 머금고 자라고 있다
오천여 명 주민들 한가족처럼
오순도순 살아가는 오늘날
아침에 시린 손 가누며 베어낸 섬초가
아롱아롱 초인종을 부른다
비금도 닮은 자비로운 마음이
눈 밭 헤치며 솟아오른 대파를 한 움큼
동행하여 얼싸 안은 채 도착했구나
거침없는 파도를 잉태했던 비금도는 없고
양순하게 어우러져 살아온 조상의 얼이 숨 쉬고 있다

설 마중

아무도 밟지 않은 숫눈을 바라보며
이역만리에서 오지 못하는 아이들을 생각하다
고봉밥처럼 수북하게 쌓이는 잣눈을
해넘이의 그리움으로 새겨본다

설 마중 하면서 몸과 마음을 정갈하게 하고
숫눈 밟듯 조심히 만들어 나가야 할 새해맞이
민족의 명절 설 전야에 소록소록 깊어가는 밤
지천명을 지낸지 오래지마는

조심히 복을 산더미처럼 지으시라고
가족 모두 평온하게 출발하라시며
긴긴밤 황량한 들녘을 하얗게 지새우며
지천으로 얼룩진 세상을 밝히고 있다

역사

능선을 넘어온 봄소식이 바람으로 전해지는 주말
발걸음 맞추며 산을 오른다
일찍이 능선의 모습이
용의 몸집에 봉황의 머리를 얹은 듯
용과 봉황이 살았다는 유래로 붙여진 이름 용봉산
평화로운 풍토에 확산된 문화의 기척지
2천 년 전 진번국 도읍지로 융성했던 이 곳
백제부흥의 역사가 숨 쉬고 자란 태동에
2013년 충남도청 개청으로 물꼬를 트면서 조성된
산책로 내포문화 사색의 길을 걷다보니
바람소리와 진한 소나무 향기로 빼곡한
결코 높지 않은 산 중턱에 백제 말기에 창건한
대한불교조계종 제7교구 본사인 수덕사의 말사
사찰 용봉사가 한 눈에 들어온다
대웅전 뜨락에 수국의 붉은 몸부림
햇살을 녹이며 나그네의 발길을 붙잡고
입춘 지나간 잔설은 고즈넉한 풍경의 노래가 된다

사람들은 기다리는 가슴을 껴안고 산다

맑은 호수에 비쳐진 낮달처럼
사람들은 오늘도 어김없이 봄을 기다린다
골짜기 기슭마다 물오르는 꽃대궁을 위하여
찬란한 봄의 교향곡에 물들
그 사랑을 위하여
춤추는 새들과
숲을 온통 싱그러움으로 만드는
나무들의 푸른 연잎을 위하여
사람들은 기다리는 가슴을 껴안고 산다

오뉴월 정든 골짜기를 날아오를
장끼의 사랑노래를 위하여
하늘계곡 밤하늘의 빛나는 별들을 위하여
홀로 저물어 가는 골목에 기대며
봄봄 몸부림치는
부피와 넓이와 깊이를 이해하면서
온 나뭇가지의 펌프질을 위하여
강이 풀려야 나룻배가 움직이듯
사람들은 기다리는 가슴을 껴안고 산다

틈새

손이 시려운 아침
언덕에 서 있다
멀리 틈을 비집고 불어오는
봄바람
겹겹 냉해를 떨치며
아지랑이 몰고 산을 넘는 중
오래된 노송의 옹이에
스며드는 기술이 환하다

햇빛이 겨누는 호수를 향하여
멈추는 걸음새
불안한 기색 없이
영력한 호기를 부른다
마른잔디를 향하여 난 귀로
잰걸음 옮기는 방향
끝내 나를 놓치지 않고
이르고 마는 봄의 전령사

셈 치고

같이 걸었던 그 길
바람 속에 들리는 마음
거울에 비치는 모습이
보이는 것
함께하는 걸음을
걸어가는 일
눈앞에 앉아 있는 그 모습

그리운 봄아

자늑자늑 녹아드는 잔설 넘어
열린 가슴에서
불어오는 바람

오, 생명을 품으신 아리아여

봄새 우는 까닭

어슴푸레
새벽이 열리면
곧장 날아와 앉는 너를
보지 못하고 이야기를 듣누나

봄이라고
깨어나 오늘을
보배로운 새날 섬기라
안녕이란 말 못하고 떠나가는

동터오는
여명을 품고 와
작아지는 중년의 품세
강건하란 설득인 줄 새겨본다

마음의 길

언제였던가!
꽃피고 새우는 길을 어깨 비비며 걷던
이산 저산 오르며 닦아내던 땀 방울들
책이 좋아서 글쓰기를 동반했던 시절
매 순간순간마다

새 길을 달리는 그 시간이 좋아서
전국을 누비며 마라톤을 즐겼던 젊음
이제는 다소곳하게
울안에서 피워내는 목단처럼
기죽지 않고 살아보리라

나이 듦에 대하여 소화하는 시절
차향이 좋아 기대는 카페에서
넉넉하게 해넘이를 즐길 줄 아는 세월
덕목을 마시며 가끔 마주 보는 얼굴들
함께 걸어가는 이 길이 좋다

말

'아'를 말하면
'어'를 생각하는 사람

수중의 빗방울처럼 번지는
파문은 가슴의 정점이 되고

오랜 세월 함께 걸어온
장지문의 빗장을 닫기도 한다

배꽃 질 때 미칠 것 같은 심정으로
한잔 술에 취한 밤

세월 가니 더욱 이즈러지는 심정
살아도 살아도 모르는 것 천지다

5월

4월을 다하여 준비한 꽃 잔치
흥에 겨워 밤새워 떨구며
기죽지 말고 살라 한다

미끄러지듯 스치는 바람과
그림처럼 펼쳐지는 5월의 향기
그 앞에 설렘으로 창문을 연다

맑은 바람이 조금 흐르고
새소리 몇 소절 품었을 따름인데
이 무진장 설레는 까닭

그대 있으매 행복한 축복을
내리눌러 밟고 걸을 수 있는 건강한 5월
함께 맞이하며 희망을 품는다

시의 속살

종로에서 '김시인' 하면
셋은 돌아본다는 말이 무성하다
춘삼월이 지나고
만개한 꽃 중의 꽃은
선조에서 현세에 이르기까지
매화가 아닐까 생각한다

시도 그렇듯
예로부터 구전으로 전해져 오는
시들의 속살은
쉬이 형언할 수 없이 곱다
옷이라고 모두 옷이 아니듯
시라고 모두 시가 아니다

가려진 부분이 있어야 하고
명맥을 다져야 하고
귀중품이 깃들어야 하고
하늘 닮은 쪽빛이 숨 쉬고
손목 잡힌 슬픔이 사그러들 만큼
속살 고운 시가 그리운 밤

다시, 희망

하늘빛 호수 위에
봄이 내려오시고
풀꽃 내 자욱한 충청도의 밤
물소리, 바람소리에
아침이 밝아 온다
다시 찾아와 새들은 울고
뜰 아래 숲은 짙어만 간다

사무치는 그리움만
저 멀리 아득하구나
사람이 풍경이 되고
풍경이 다시 사람이 되는 날
흩어졌던 구름이
다시 모이듯
우리는 그 속에서
다시 희망을 노래한다

위대한 약속

가뭄이 한낮처럼 지나고 한 달 만에 비가 내렸다
실크로드의 비단만큼 결 고운 아침
물 논에 떨어진 하늘 가득 새들이 모이고
금빛으로 물든 오월 창공을 가로지른다
십 년을 살면서 달구었던
고진감래의 순간들
이제 와 돌아보고 땅을 짚은 것은
시간이 만들어준 위대한 세월의 경련이다
앞을 보고 시간을 이겨나가야 하는 이 순간
온종일 불 꺼진 창처럼 무겁지만
형형색색 타오르는 목적지에 부푸는 희망
오뉴월 절개 곧은 담쟁이넝쿨로 일어서리라

청개구리 구슬피 우는 밤

바람이 스산하다
해 저녁 지나가는 바람에
어지럽게 흩날리는 빗방울을 아는지
청개구리 구슬피 우는 밤
순이네 다랑논에서
어미 개구리 마주 받아온다
그리움으로 사무치는 한여름
위대한 일을 해내는 유일한 방법은
오로지
당신이 하는 것을
사랑하는 것이다

7월의 노래

7월의 아침 앞바다처럼 펼쳐지는 상순
새끼 새의 날갯짓으로 한창이던
6월은 숨 쉬지 못한 채 떠나갔다
층진 미루나무엔
아기 구름이 걸려 있고
어느새 웃자란 논배미에선
두루미 떼 지어 우렁이 사냥이다

청포도 무성히 익어가는 시절
옥수수수염 달빛으로 물들고
하늘이 여러 색깔로 꿈꾸며
푸른 바다엔 흰 돛단배 곱게 출렁인다
성급한 아이야 노를 저어라
하이얀 모시 적삼 별빛에 적시며
은하수 계곡으로 귀향의 벗 찾아오리니

한탄강 번지도약에 서서

오색 네온과 한탄강 속울음이 7월 앞에 서 있다
하늘이 품은 고석정
수십만 년의 시간이 빚어낸 협곡의 현무암
그곳을 제집처럼 드나드는 철새의 요람
주상절리를 걷는다

뉴질랜드의 서부 이름 모를 협곡에서
흔쾌히 부서졌던 번지도약의 그날을 기억하며
유네스코 세계지질공원으로 등재된
한국의 나이아가라 폭포 직탕폭포를 지나
철원의 은하수교를 온전하게 품는다

다녀올게 쉬고 있어

칠월의 푸름이 역력하게 짙어지는 이 시간
너의 품속에 자리한 몹쓸 독충을 이겨 내려고
너도나도 호흡 맞추며 안간힘을 썼지만
감당하지 못하여 눈을 뜨지 못한 사랑아
"다녀올게 쉬고 있어"
이 한마디가 영원한 인사였구나
순하디순한 성격에 단 한 번
아프다는 말 대신 잔잔하게 미소 짓던 모습
못내 가슴 저미는 아픔으로 남았구나
미안하고 또 미안하다
무심했던 나의 불찰로 마침내
그 고통 나눠주지 못한 채 너를 보냈어
미안하고 미안한 사랑아
부디 고통 없는 하늘 넓은 그곳에서 편히 쉬어라
훗날 못다 나눈 이야기 함께 나누며
이 떨칠 수 없는 고통의 시간을
너에게 나에게 전하며 옛이야기 나누자꾸나

팔월의 소찬

칠월 내 출렁인 옥수수밭
검푸른 초록빛 고스란히 옮겨온 아침
인생에서 성공하려거든 끈기를 벗으로 삼고
신중함을 형님으로 하며
희망을 수호신으로 삼으라 했다

성급하게 일을 처리하면 실수를 하고
후회를 남기게 된다는 것을 알아차린 지금
나무 그늘을 즐기기 위해서는
씨앗을 심고 싹이 트고 줄기가 자라는 과정을
진득하게 기다려야 한다는 것을 안다

인재를 키우기 위해 수많은 시행착오를 거치며
경험과 지혜를 바탕으로 쌓을 수 있도록
기다려야 하듯 팔월이 그러하다
조급함을 몰고 온 소낙비처럼 우쭐대지 말고 창공을
거울삼아 볼 익히는 대추알처럼 넌지시 기다리자

묵언

모두 내 잘못이다
초조함에 젖은 안개처럼 침몰하는 순간을
보듬지 못한 옹졸함
'미안해 용서해줘'
그 말 못하고 지새운 새벽
솜털만큼 보드라운 따스함이 필요했던 시간
잘못하고 잘하는 경계가 아님을
세상이 다 아는 것이다
나 대신 빌고 있는 저녁노을의 목울음
제대로 무리 짓는 법을
소용돌이 없이 참삶을 살 수 없는 것이라
일찍이 깨우치지 못한 용서
생활을 위한 기본 훈련서를 잃어버렸다고
넌지시 말할 수 있겠지마는
그중에 가장 중요한 것은
제대로 무리 짓는 법이라 말하리라 말없이

조선호박잎

내 어릴 적 화롯가에서 베푸시던 아버지의 사랑 같은
오뉴월 다 지나도록 숨죽여 자란
무성한 호박잎 따다가
어머니의 손길로 다듬은 j 선생의 호박잎
새벽부터 설렘으로 찜솥에 불을 붙인다
3월 중순 소쩍새 구슬피 우는 봄날
흙 내음 함께 묻어 옹고릇하게 오른
쌍떡잎 푸른 너울
투박한 손길에 길들여 수확한 마령서馬鈴薯를
뚝배기에 깍둑 썰어 파 마늘 넣고
바글바글 묽은 된장을 끓이며 생각한다
j 선생의 마음을, 호박잎 벗기며
그 가슴에서 자라난 푸른 바다 넘실거렸을 물빛을
바다로 나가 품어 올린 가을 하늘을

동고동락 同苦同樂

함께 있다고
모두 함께인 것은 아니다

연둣빛 대추알이
붉어지는 그날까지

저마다 호사스런
다른 빛으로 익어가는 것을

생명의 소리

어느 날 문득 차고의 진열장에서
기척을 듣고 찬찬히
귀 기울여 따라가 보니
새 식구 이름 모를 아기 새들이
눈 뜨지 못한 채
입을 쫑긋쫑긋 벌리며 맞이한다

얼마큼 지났을까!
어미 몸에서 나와 이 한적한 보금자리에
둥지를 튼 것은
날마다 굴려준 어미 새의 온기로
부화를 하고 어미 입에서 공급된
양분 받아 어느덧 미지의 항해를 꿈꾼다

그랑프리

7월의 찌는 듯한 무더위 하절
첫 주말 공주고등학교 체육관에서
검푸른 바다 위의 돛단배처럼
땀의 열망을 띄워놓고
망망대해 그 깊은 수면과 같은
수만 번 쓸어내렸던
들숨과 날숨의 고행
한순간 차고 오른 왕좌의 결투
소낙비 같은 땀의 결실로 얻은
시니어 65체급 그랑프리를 얻다

가을 길

논배미에 들어 출렁이는 바람의 속삭임
저녁 새들 다투어 돌아오는 길
어제보다 늘어난 잠자리의 춤
밤마다 붉어지는 고추 익는 소리에
길섶 온 풀들 파르르 떨고
들길마다 살찌는 콩꽃의 수런거림
그물에 걸리지 않는 바람처럼
소리에 놀라지 않는 사자처럼
가슴속에 바다를 들이는 일
하심으로 낮아진 채송화를 읽는 일이다

허공

햇빛이 스며드는 가을을 품고 있는 한낮
허공을 건너는 햇빛
푸르게 우리의 살에 스민다

어물거리는 바람과
어물거리는 구름을 들고
아주 낮게 스며드는 가을 허공을 품는다

사유의 창을 걸어 삶을 말하며
인생을 걸어 놓은 사유처럼
어물거리는 사이 삶은 허공을 걷는다

죄인

유유한 세월 속에 묻어난 정성으로
마음 곳곳에 들어찬 당신은 내게로 와
심장을 메웠습니다
여백 없이 빼곡해진 공간
더 비비고 들어갈 틈이 없습니다
그러므로 내게 온 당신은 죄인입니다

온갖 바람과 풍상을 딛고
간밤에 내려온 가야산은
지구를 지키고 역전의 용사처럼 서 있습니다
해를 거듭하면서 살피는 생각
삶의 여백을 누리며 살고자 했던 다짐
당신에게 가는 마음만큼 빼곡할 순 없습니다

그리움

궁핍함 속에서도
길 떠나는 기러기 떼처럼
네 식구가 살을 부대끼며 살았던 기억으로
충분히
행복했던 시절

새, 닭, 토끼, 염소를 바라보며
순진무구한 마음 키우며
은종이가 신비했던
1.5평 방 한 칸이
대궐이었던 시절

고단한 삶조차
축제의 즐거움 이셨던 아버지
변변히 나눌 수 없었던 사랑
나였던 그 아이는
오늘도 허공을 헤집고 있다

너를 내 가슴에 품고

너를 내 가슴에 품고
한 방울의 피가 섞이지 않았지만
무한 고요하고 따스하였어

너를 내 가슴에 품고
무심히 지나는 세월 속에서
눈물겹게 울렁거렸어

너를 내 가슴에 품고
날아오르는 반딧불이를 보며
따개비 노는 잔디밭을 걷고 걸었어

너를 내 가슴에서 떠나 보내고
함께한 자유의 동산 사랑의 벌판을
더는 밟을 수 없음을 보리도 알고 있어?

솟아 있는 서러움에 기대어
너의 키만한 서러움 무심히 벗어놓을 때
우리 다시 함께 이 길을 걸어보자

행복한 간이역

우짖지 않고
날아오르는 새
노니는 모습만 봐도 가을이다
덩달아 바빠지는 새털구름

인적이 끊어진
골짜기 홀로 앉은
가을 산의 높이가 주저리주저리
이야기꽃 피울 때

산그늘 길게 늘이며
붉게 토하는 황혼
생은 어느덧
갈수록 쓸쓸하여

밤과 나누는 얘기 깊고
구름도 떠가곤 다시 오지 않는 밤
산새의 기습에
나는 또 놀래라

어느 가을도 지고 있구나

구절초 피어나던 동산에 별은 내리고
다시 온 어느 가을도 지고 있구나
동녘에 해 뜨면 함께 걸었던 친구들
서걱이는 들길의 서릿발처럼
이순을 넘기며 바스러져 가고
아이들의 골 깊은 이야기
넘실대는 고향
그대로인 것은 나그네의 발길과 저녁별뿐이다

캐모마일차의 위로

사과향이 우러나오는 국화 닮은 꽃송이
몽글몽글 피어
마음 닿는 곳으로 간다
금아 선생을 만나러 가는
신록의 계절
이수역 근교 K-카페에서
5월을 마신다
피천득 선생께서 태어나고
평생을 품고 사랑하다
선물 하신 5월
캐모마일 닮은 선생의 향기를 취한다

겨울나무

산과 들이 흰 눈으로 수북이 쌓이고
앙상하지만 굳은 절개로 지키고 선 관상동맥
뿌리의 힘을 믿는다
강력해진 표피의 두께는 갑옷만큼 단단해지고
집 잃은 곤충의 안락한 안식처로 기대며
지나간 계절의 상흔을 덮어
보태지는 나이테의 줄기를 키우면서
푸른 날 길러 번식할 자손만대의 희망을
가슴속에 잠재운 채
오돌토돌 돋아나는 기상을 품는다
허름해진 할머니의 옹골찬 동치미 국물처럼
신선한 오뉴월 숲길 위한 방한의 기백
대웅전 누각에 푸른 소나무를 닮았다
어딘가에서 일어서는 여리고 사랑스러운 초록빛
내가 네게 오늘도 친구 되어 줄게

내가 좋아하는 사람

가을이 되면서 더욱 그리워지는 것은
겨울처럼 날카롭지 않고
여름처럼 뜨겁지 않고
은근한 가을 색으로 물드는 그런 사람

내가 미치도록 우울할 때도
변함없이 웃음 띤 얼굴로 다가와
가만가만 토닥이며
언제나 그 자리 그렇게 있어 줄 사람

할 이야기 별로 없어도
마주앉아 차 한 잔 나누고 싶은 사람
뜨거운 차 서로 후후 불며 마셔주는 사람

모르는 척 그냥 넘어가도
마음 헤아려주는 그런 사람
무명옷처럼 유난하지 않은
뒤꿈치 잘 닳은 신발 같은 사람

지금 이 순간 2

이 햇빛 속에는 힘든 이에게 끈기와
어려운 이에게 용기와 인내를
눈과 얼음 밑에서는
사랑스러운
초록빛 새싹이 자라날
숨을 쉬고 있는 것이다
날마다 아침이면 이 세상 첫날인 것처럼
저녁마다 이 세상의 마지막인 것처럼
엄연한 우주 질서 앞에
나를 깨우고 일컫는
순간순간을 보태는 것이다

군고구마와 동치미

더도 말고 덜도 말고 보름달만 같아라
귀엣말로 듣기만 하여도
마음이 가슴이 따사로워지는 말이다
동절기에 들며 더욱 잦아지는 간식이 군고구마다
여름날 푸성귀 속에서 무성하게 자라난
뫼싹에 주렁주렁 달려 나오는 알뿌리
조상님들의 간식 아닌 끼니로 방마다
한 자리씩 쌓아놓고 겨울식량이 되었던
고구마 통가리가 그것이다
갓 퍼내온 묻은 항아리에서 퍼 올린
얼음이 반이었던 자박한 동치미
선반 위에 올려놓은 호랑이도 무서웠던
곶감 무색한 한겨울의 풍미가 또한 그것이다
세대가 바뀌고 세월이 곰삭은 동안
주방마다 무게 잡은 에어프라이에서
갓 구워낸 군고구마에 화색이 무구하다
사랑 넘치는 지아비와 지어미 같은

두문불출

어느 날 길을 아주 멀리 왔다는 생각이 들었다
단어 속에 나의 흔적을 남기고 세월이 챙겨준
시간과 정점을 엮어 내 인생의 뒤안길처럼
자그마치 시집 두 권을 갑일甲日 즈음 염치없이
세상에 내어 밀었다 글 쓰는 일이 운명인 것처럼
내 의식의 5할은 글쓰기였고 그로인해 긴장했고
즐거웠고 행복했다면 사치였을까?
글이 아니고 다른 것이었다면 그 어떤 것을
들먹이며 그것이 행복이라 여겼다면
그 일이 무엇이든 지금처럼 하고 있었을까?
미련하게 고집해 왔던 시 쓰기의 인연처럼
다른 삶 역시 또 그렇게 살았을지도 모른다
출간은 스스로에게 주는 선물이기도 하다
매번 같은 고민과 회의와 집중을 오가듯
두문불출 이어지는 혹한의 겨울을 사랑하는 일이다
허기가 지는 어느 날 나의 육신과 함께했던
시간과 그 기억을 담은 이 책들을 두고
저 바람이 데려다주는 곳으로 떠나는 일이다

어머니의 기도

날마다 새벽길을 걸어나오시듯
조심스레 걸어오신 수많은 새벽을
성황당길 오르시는 정성으로
오늘도 조바심으로 새벽을 맞으십니다

새벽바람에 스치는 갈대 소리 같은
구순을 넘어오신 인고의 세월
얼굴을 닦으시는 모습이 새색시 같다

유독 유난스럽던 아버지의 성품을
박꽃처럼 받드신 이순의 고개에서
움켜쥐고 놓을 수 없었던 버팀목의 사별
흐느끼며 우시는 어머니 모습을 보며
나도 어미 잃은 송아지처럼 울었다

어머니의 기도가 곧 저희들 건강이시듯
이글거리며 넘어가는 해넘이의 빛처럼
멋지게 색칠하시는 당신의 노년을
찬란하게 빛 드는 저녁노을을 응원합니다

오해의 씨앗

누가 나를 헐뜯고

내 안에서 화를 내고

누가 나를 추켜세우고

내 안에서 우쭐대는

실상은 말 밖에 있는 것

지혜의 눈을 통해 볼 수 있는

진리를 깨닫는 일은

온전한 이해가 되기까지

그 이전의 오해를 지우는 일

겨울 이야기

밤마다 윗목 숭늉 그릇에 살얼음 지던 시절
초가집마다 추녀로 숨어들던 새 떼
뒷산에 뛰어놀던 토끼들은
굶어 죽지 않고 잘 있으려나

티브이도 없고 라디오 방송마저
눈 쌓인 밤이면 치직 소리를 내며
전파가 잡히지 않던 희미한 등잔불 아래
시린 손 움켜쥐고 콩 고르시던 눈망울

가을 햇살 머금어 완판 피었던 목화는
대소쿠리에서 잠자고 있었다
한겨울 얇은 이불에도 추운 줄 모르고
사마귀 눈으로 기다리던 어머니 얼굴

건너 마을에서 컹컹 짖던 백구는
눈밭에 튕겨 나온 노루를 보았던가 보다
초저녁부터 생솔 타는 냄새로 가득했던
하얗게 하얗게 눈이 내리던 고향

삶의 귀환

어제 죽은 사람들이 하루라도 더 살기를
원했고 고대했던 소중한 날들
감격으로 맞이할 일이다
그 소중한 시간에
나는 오늘을 살고 있다
오롯이 삶에 깃들 일이다
봄을 이기지 못하는 겨울날의 회한처럼

숙녀에게

봄비 내리는 날이었어
대한민국 문인이 모두 모이는 날
2023.2.10일 목동가는 길
5호선을 타기로 했어
적당하게 피곤한 시간이었지
보기 좋은 모습으로 앉아 있던
이름 모를 숙녀가 반짝 일어서며
자리를 내어 주는거야
별처럼 빛나는 눈, 백옥 같은 피부
그 미모에 시선을 마주친 것인데
숙녀는 나의 눈에서 나이를 읽은 것
발끝에서 머리끝까지
명품을 입은 숙녀의 속내는
더더욱 빛나는 명품이었구나

엄니의 자산

엄니가 첫돌 전에나
태어 나셨을
젖니 두개
94년 째
빈 집을 지키고 있다
아기 토끼처럼
귀여운
내 엄마가 사랑한
엄니 최후의 자산

사슴 한 마리의 덕목

말을 많이 하면 필요 없는 말이
나온다는 명언은 명언 중에 명언임을
날이 갈수록 실감한다
명상을 많이 하고 생각을 보탠다면
낡은 옷을 자주 입는 습관처럼
살가워 지리라

노점상에서 만나는 정든 물건이
한줄기 삶의 윤활유가 되기도 하는
너와 나의 인연을 사이에 두고
봄날과 마주한 우수처럼
깊은 눈망울 청렴함에
나의 모습 비추어 거울을 삼으리라

왼손이 오른손에 하는 말

시냇물 소리가 졸졸졸 흐르는 것은
봄이 들이밀리고 있다는 자연의 소리이다
건넛마을 산수유 꽃말이
소곤소곤 다가오는 아침
밤잠을 설친 가을이야기 젖은 갈대
서걱이며 걷고 있다

여울지는 냇물
송사리떼 살피는 백로 한 마리
그윽한 속도로 사방을 관조하고
포근포근 줄지어 늘어선 오리가족
서로를 격려하며 이야기 나눌 수 있는
풍성한 삶을 노래 부른다

오늘 뿌린 씨앗은 내일의 희망이며
정성 기울여 열매 맺는 꿈을 키우듯이
사소한 일상이 알차게 채워지면
바라는 인생은 자기답게 피고 또 지고
허울 없는 그림으로 채색된다는 것을
시린 왼손이 오른손에 하는 말이다

아름다운 사람들

말없이 사랑하는 것을
내가 한 것처럼 내색하지 않고
어떠한 어려움도
겉으로 드러나지 않게
조용히 사랑하는 사람들

깊고 참된 의미를 두고
되도록 말없이 남몰래 숨어서
봉사하고 눈에 드러나지 않게
좋은 일을 찾아서 실행하는
그리고 침묵하는 사람들

마음 상하는 이야기에도
자신의 마음 들어내지 않고
말없이 사랑하는 법을 알고 있는
땅 속 저 밑에서 뿜어 올린
혹한을 견뎌온 냉이뿌리 같은 사람들

들빛

제비 떼가 날아오면 봄이라고
함부로 말하는 사람은

봄은 남쪽나라에서 온다고
철없이 노래 부르는 사람은

때가 되면 봄은 저절로 온다고
창가에서 기다리는 사람은

이 들판에 나오너라
여기 사는 흙 묻은 손들을 보아라

저 혼자 물오른 연두의
버들가지 속살을 보아라

온 천하로 퍼지는
산 벚의 꽃 무덤을 보아라

귀천*

가난했던 시인은 천국으로 떠나고
그렇게 행복했던 발자국만
인사동에 가득하다

살아생전 만지지 못한 큰돈
천국 가시는 노잣돈으로
푸르게 써버린 조의금

도둑이 든다 해도 찾을 수 없도록
아궁이 깊숙이 넣어둔 교통비
풍족하게 쓰시던 날

기약 없는 전설만 남기고
지상에 소풍 왔던 자유로운 영혼
오늘도 높이 오르는 새 한 마리

---

* 지금은 고 천상병시인 처조카가 카페 '귀천'을 운영하고 있다

부처님 오신 날
- 불기 2567년 성불

풍경이 고요를 받드는 이 순간
산사의 정적은 부처님을 모시고
걸음 잠시 멈추어 평온에 젖어보면
아름다운 계절 염원으로 가득하다

지혜와 자비의 무한광명 삼지 사방 내리고
성스럽고 거룩한 이날을 맞아
부처님의 섭리 온 누리 섬기시니
갈등과 대립을 지우고 계신다

부처님의 가르침대로 서로를 존중하며
기쁨과 행복을 나누는 삶
우리 안의 지혜가 꽃처럼 피어나
불기 2567년 부처님 오신 날을 봉축합니다

하지의 밤

인생이 짐이라는 사람과
인생이 사랑이라는 사람이 마주한 밤
건넛마을 개가 컹컹 짖는다

이불 홑청 같은 구름이 한참 흔들리고
6월 더위가 무르익어
덜 익은 홍시처럼 붉어진 오후

세찬 소낙비가 천둥을 몰고 왔다
비에 젖은 솜이불만큼 무겁던
내 가슴에 단비 내리고

지천으로 흩어진 빗방울 모여
금세 도랑물 넘쳐나는 저녁
인생은 마음먹기에 달렸지

등에 지면 짐이 되고
가슴으로 안으면 사랑이 된다는 인생
한 줌의 바람이런가

후손에게 잠시 빌려 쓰고 남겨줄 인생
맑고 또 푸르게 물려줘야 한다고
밤새 노래하는 개구리 합창에 배운다

7월의 뜰

저수지 수면을 온통 푸르게 채색한 6월이
정교히 빚어놓은 그림자
수위가 낮아진 채
색채들이 모두 나무에서 뛰어내려
물가에 누워있다

성질 급한 놈은 아예 물속에 눕고
마지막 순간까지
타협하지 못한 어린 연잎들
고고하게 수영하는
두루미 한 쌍을 내려 보고 있다

하늘이 통째 빠져 있는 수면엔
조개구름 한 떼가 지나가고
문득 가까운 곳에 사람소리 흩어지니
다정했던 두루미 한 쌍 자취 없고
덩그러니 주저앉은 7월이 떠 있다

삼시 세끼

7월 장마가 한창인 이 때
더위도 무성한데
95세의 노모에게 큰 상심을 안겨드렸다

내일 모레 78세를 맞이하는
엄니 큰 사위가
밤새 안녕하지 못하고 전신이 마비되어

큰 동네 요양병원으로 모셔지고
핏줄 세워 키워온 큰 딸
덩그러니 큰집 지키는 일 맞으시니

삼라만상 구슬픈 마음
울음 삼키시며
그저 '삼시 세끼' 잘 챙겨 먹어야 헌다

전원일기

내 삶의 방향을 풀꽃처럼 겸손하라 했는데
개망초, 민들레, 강아지꽃 이름 달고
아침마다 마주하는 꽃들이 아름답다
우아한 나의 신념을 아는지
생명력을 다독여 저희들끼리 당당한 자태로
마음 퍼주는 사랑이 점점 커져
밤을 새워 물을 빨아 꽃대를 세우고
튼실하게 꽃을 피워낸 잠재력 위에
시시덕거리다 내가 나타나면
시치미 뚝 떼고 폴짝 달아나는 청개구리
묵은 세월을 누리고 서 있는 잣나무
농사는 농부 발걸음 소리를 듣고 자란다는데
산책길 아침마다 울어대는
이름 모를 새들의 노래
아니, 어쩌면 그들의 응원으로 내가
오늘 아침도 자라나고 있는 것이다

개여울

물 맑은 옹달샘 소리다
새벽에 일어나 눈 비비고
걸어 나온 아기 토끼가 먹는 물처럼 맑은
전국이 토사로 범람한 내천을 바라보며
한숨지은 것이 바로 엊그제

사흘이 지났을 뿐인데
호사스런 사치를 부릴 만큼 맑은 물이
졸졸졸 소리를 낸다
중복을 시샘하는 매미울음이
절정인 칠월 스무 하루

서투른 시 한 수 적으며
바람에 스치우는 평화를 탐하여
내면의 내게 꾸지람이 크다
흙탕물 소용돌이에서 코를 벌름이던
어미 소의 쓰라린 눈물 자위를 잊었느냐고

뭉게구름

7월 어느 날
구름 위에 적는다

나는 네가
너무 보고 싶단다

뭉게구름 너머
서 있을 너에게 띄운다

괜찮아

그 어느 날
이 세상에서 내릴 때
참 괜찮았어
말하고 싶다

삶의 영토

너의 생각과 내 생각이 흐려진다는 것
오이 넝쿨이 매미울음에 스러지듯
어젯밤 그리도 모질게 더웠던 것은
황금 들판의 안식을 위해서였을 것이다

너의 두 손을 나의 가슴에 대고
물방아 같은 심장의 고동을 들었던 날들과
인류의 역사가 나를 위하여 내려온 것으로
여겨졌던 지난날들의 기억이 무르익었다

살아 있는 모든 것들에게
생명을 불어넣는 것은 따뜻한 봄바람이었으니
풀밭에 새잎 돋고, 나뭇가지에 싹트고
꽃 피우고 새우는 봄날의 잔치는 내 것이었다

어느덧 갈 숲의 황혼에 젖는 찬란함
돌아보면 모두가 희망이었고
빙산의 얼음 같지만 하나같이
빛나는 귀중한 이상이었다

순리

비바람도 시간이 지나고 나면 멈추듯
돌아가고 싶다
피라미떼 흰 건반처럼 튀어오르던
그 시냇물
물장구치던 그 여름
뜨거운 맨살의 땅으로 돌아가고 싶다
발바닥 숯불 밟듯 정신없이 달구워진 들길
매미들도 불러다가
한바탕 축제를 열고 싶다
가마솥 같은 여름 한낮에
온몸 열어 태우던 원두막
햇볕이 몹시 뜨겁게 내리쬘 때
밀짚으로 만든 참외온돌을 파고들던
굼벵이 놀이터
삼복더위 찜통더위 바람에 섞이던
그 해 여름
은하에서 쏟아지던 별들을 마시고 싶다

동부꽃 필 무렵

올해도 외로이
동부꽃만 피었습니다

느개비 내린 아침
옥잠화 하얀 이마
여치 한 마리

구월도 저만큼
가고 있는데

조그마한 내를 건너
구부러진 산길을 지나

온다는 이는
오지 않고
청보라 동부꽃만
피었습니다

구월이 내리면

억새밭에 구월이 내리면
억새에 이는 바람이 빛나는
보랏빛 곡예를 본 적 있을까요

열무밭에 아침 이슬 내리면
밤새워 울던 여치
풀숲으로 몸을 숨기고

긴긴밤 스며들었던
별빛 스치는 강가에
먼 바다 건너온 오리 가족

일제히 일어나 데구루루
협주곡에 발맞추는 일상
구월 들판을 금빛으로 만들고

들꽃들 가는 곳마다 피어나
골고루 숨결 나누며
잔잔하게 아름다워지는 가을

새벽닭

계묘년 중추가절 새벽
첫닭이 운다
수수잎 빨갛게 물들어 호랑이 하늘을 날 때
찬 이슬 한 모금 적시고
날개 치며 운다

어린 시절 그립다 말하던 친구들
흰머리 주섬주섬 쓸어 넘기는
고요한 마을
목청 돋우는 새벽닭
촉촉한 기운으로 창문을 연다

정

자연이 만들어주는 모든 소리는
내가 가지고 있는 귀를 씻어준다
가을들판만큼 넉넉한 할머니의 마음처럼

버려야 할 것이
무엇인지 아는 그 순간부터
나무들은 가장 아름답게 몸을 태우듯

아낌없이 버리기로 결심하면
제 몸 하나씩 내려놓으면서
가장 황홀한 빛깔로 물이 드는 날

어느 날
갑자기 아무런 지체 없이
혼자 남는 것이 두려워지는 순간

의식적이든 무의식적이든
걷고 보고 듣고 생각하는 도중에도
숨을 쉰다. 굽어진 부모님 등이 보이듯

금빛 미소

추석 연휴 3일 째 되는 이른 저녁
대한민국 국민 모두의 염원은 TV 앞
긴박한 시간은 달을 띄우고 있었다

띠 동갑인 신유빈·전지희
나란히 어깨를 붙이고 필사적인 눈빛
금성보다도 깊은 광채로 빛나고

결승에 선 북한선수 차수영·박수경
천년의 길 건너온 4 : 1의 스코어
아시안게임 여자복식 탁구 금메달

정상의 금좌에 오른 신동 신유빈
그녀의 금빛 미소야말로
또 하나의 월계관이다

절정

까닭 없이 마음 시끄럽고
잡으려 해도 잡을 수 없는 마음
고요히 빛나는
현란한 가을 아침
모났던 마음 둥글둥글해지는 것은

코스모스 일제히 일어나
반기는 고요의 절정이다
연못 위, 연잎에 이는
바람 때문이다
까닭 없이 깊어지는 가을날

옷깃에 스미는 바람도
주저 없이 떠나가는 행인의 걸음도
단풍잎마저 곱게 물드는 까닭도
초가을 박꽃 피는 사연도
봄날 누리는 호사를 위한 교향악이다

AND SAPGYO

정든 땅이 기억하는 그곳
일곱 식구가
몸 비비며 살던 쪽방을 벗어나
서울로 가던 기차를 타기 위해
북적대던 그곳
마음의 고향이다

윤봉길 의사가
최주봉 옹이
세계적인 가수 조영남이
눈물지으며 떠난 발자국들
모여서 도란대는 그곳
마음의 고향이다

시 쓰기 좋은 날

백지를 만지작거리며 볼펜을 쥐고
한껏 차오른 마음을
글자로 옮기면 모두 시가 될까

성마른 사람은 당장 집어치울 테지만
비결은 그때 그만두지 않고
상념을 어떻게든 적어보려 할 때

그때만은 시 쓰는 이
시인이 된다 다른 그 누구도 아닌
오롯한 자신의 감을 느낄 수 있으므로

다른 시선을 가지려 골몰하기에
그러므로 시 쓰기란
나를 곧추 세우고 감각을 되찾는 일이다

온갖 조건 탈피하고 조약돌 비추는 마음
사회적 개인에서 벗어나 틀을 깨어낼 때
새롭게 다가서는 풍경이다

시월에

보랏빛 억새밭에 시월이 내리면
억새에 이는 바람은 갈색이 된다
들판의 넉넉함은 할머니 마음처럼 번지고
나그네 걸음마다 추억이 된다

열무 밭에 스러져 밤새 울던
여치의 곧은 절규 풀숲으로 몸을 숨기고
알알이 영근 도토리
막연하게 구르는 시월에

긴긴밤 스며들던 별빛 스치는 강가에
먼 바다 건너온 오리가족
일제히 일어나 협주곡에 발맞추는 일상
시월 들판을 온통 금빛으로 만들고

이름 모를 들꽃들 가는 곳마다 피어나
저마다 숨결 나누며
잔잔하게 아름다워지는 가을
구절초 얼굴마다 그리움진다

마곡, 산사를 걷다

나란히 자리 잡은 대웅보전 중심으로
도량 가까이 긴 그림자 좇고
조계종 제6교구 본사 안내표를 지나
상해임시정부 주석을 지낸
백범 김구 선생 명상 길을 에둘러 나섰다

만물의 기운으로 건립된 대한민국
각처에 수립한 임시정부는 평범한 순리를
지키려는 숨은 영웅들의 염원이었고
선덕여왕시대의 파란을 지켜온 마곡은
수행자의 원력으로 세월을 읊는다

청어 DNA

청년처럼 사는 어르신
긍정적인 열정과
호기심으로 바라보는 미래
그 마음속엔 청어떼가 뛰어논다

어제는 시월이고 오늘은 11월이다
단풍에 돋는 시림으로
새소리도 바뀐 아침
고조곤히 물질하는 오리 한 쌍

103세에도 조찬 강의가 있어
새벽 ktx를 타러 가시는 김형석 교수님
인공지능 AI를 논하고 미래를 그리신다
깊은 바다를 마음껏 헤엄치는 청어靑魚

영화 '빨간 마후라'의 주인공 신영균 선생
세로토닌 문화를 이끄시는 이시형 박사
가요무대를 진행하시는 김동건 아나운서
공익적 열정의 가치를 섬기는 청어 DNA

홍시

적 단풍 빨갛게 불탄 그 자리
하늘 높이 달린 저 까치밥
따지 않고 놓아둔 조상의 인자함이
볼 적마다 뭉클하다
이 무한 우주의 담력 안에서 그보다
더한 어진 마음 어디서 또 접할까

일찍이 맹자는 말했다
"부끄러움을 모르면 사람이 아니다."
'대지大地'로 노벨 문학상을 받았던
故 펄 벅 여사가 방한한 전주에서
겨울을 나는 새들을 위해 남겨 둔
까치밥이란 설명에 탄성을 지른 홍시

볏단 짊어진 농부가 소달구지 곁에서
달구지를 타지 않고 걸어가는 모습
겨울에 더운물로 세수하고
뜨거운 물 식혀서 버리는 주의력
하늘 높이 달린 채 위태롭게 흔들리면서도
모진 풍상을 이기는 저 홍시 한 알

삶이란

유유한 세월 품은

소금꽃

원산도에 피운 날

청춘과 함께

바이더오*에 풍경 달다

---

* 원산도에 있는 카페

염색

세월 속에 하얗게 바래진 머리를 위하여
이른 아침 염색을 한다
상한 갈대라도
푸른 봄이면 머리 풀고 나오는
연녹색 새순이 돋는 것처럼
짙어진 머리칼 쓰다듬으며
반가운 미소 짓는 얼굴
뿌리 없이 흔들리는 부평초도
물 고이면 꽃은 피어나거니
이 세상 어디서나 등불은 켜지듯
조금은 곰삭았어도
아침이면 힘차게 솟아오르는 태양처럼
다소 지나간 중년이래도 노년이래도
기운찬 생각 가득 채우며
뿌리 깊은 청춘으로 벌판에 서자

어머니의 십만 원

목욕탕에서 생긴 일이다
하루라도 얼굴 뵙지 못하면
먼 걱정거리가 되시는 노모의 일상
오늘도 같은 시간 같은 장소에서
안부를 여쭙고 하루 딸애 집에 다녀오겠다는
말씀을 전하는데 갑자기 쌈지에서
꺼내 든 오만 원권 두 장
한 푼이 천 푼으로 살아오신 근검절약
통 크게 내미신 황금 열량을
접었다 폈다를 수차례 건네며
결국은 내 주머니에 꽂아 넣으신다
형형한 당신의 심중을 감싸 쥔
96년의 세월
황금보다 더 노란 지폐 두 장
어머니의 시간을 먹고 자라온 딸을 위한
가슴 뛰는 어머니의 십만 원

훌륭한 음악과 불멸의 시

흰 눈이 뜨겁게 내린 희부연 아침
그 염원을 위한 세레나데
초롱초롱 참새가 우짖는다
어질고 영민한 사실을 알리려고

산다는 건 언제나
뼈저리게 존귀한 사실
번민하고 애쓰는 일을 삼가하며
고조 곤히 존재에 힘쓸 일이다

눈 속에 피워낸 복수초만큼
정겨운 자연의 심중을 헤아려
불멸의 시를 아끼며
품격에 알맞은 음악을 명상하라

여명으로 일어서는 새벽
안개에 젖은 불빛처럼
훌륭한 음악과 불멸의 시
잉태할 수 있도록 참 소유를 사랑하리

다섯 살배기 손주

다섯 살에 건너가 코로나로 묶인 채
꼼짝달싹 못 하던 손자가
마침내 귀국한다는 1월
가슴 뜨거운 설렘이 쿵쿵 울리던 날
"우리 준우!
한국에 오게 되어 너무 기쁜 새해다"
"저 한국 가기 싫어요" 한다
"왜?"
"미국 친구들과 헤어지기 너무 싫어요"
가슴에 쿵~!! 아픔이 밴다
얼마나 헤어지기 싫고 또 아쉬울까
부모 팔아 친구 사고 싶은 10살에
솔가지, 솔방울, 숯을 꽂아
눈사람 만들던 다섯 살배기 손주
그때 그 시절 친구들 만날 설렘이
눈사람처럼 크기를 소망하는 아침

누구나 가슴속에 새 하나쯤

민들레 마른씨를 먹고 있는 참새
황새의 사촌 황로
바다직바구리
한 마리

모두가
한가한 듯
무심한 듯

인간을 바라보지만
사람들은
누구나 가슴속에 새 하나쯤
간직하고
푸르른 창공을 날고 있다

해설

작품 해설

언제나 새날처럼 읽는 시에서
노래하는 시로

유재영(시인)

　임종본 시인을 꽃으로 본다면 봉선화 같은 분이다. 고향 집 작은 꽃밭 화려하지 않게 수다스럽지 않고 맑고 고요한 분홍빛, 영락없는 충청도 예산 여인이다. 예산은 충청도에서도 토질이 부드럽고 인심이 좋아 예부터 며느리 중에서도 '예산며느리'를 제일로 꼽았다. 성품으로 치면 오월 남풍이고 빛깔로 치면 느릅나무 새순이었다. 내가 나태주 시인에 이어 충남시인협회장을 맡아 일하는 동안 여러 번 예산을 다녀오는 기회가 있었다. 온양, 도고를 거쳐 느릿느릿 장항선 기차가 서는 예산역에 내리면 누가 마중이라도 나올 것만 같은 정겨운 곳, 예산은 장터 국밥만 있는 곳이 아니다. 추사 고택이 있고 윤봉길 의사를 기리는 충의사와 덕숭산 수덕사가 있다. 추사는 6대조와 함께 과거에 합격한 인연이 있고, 덕숭산 수덕사는 김일엽 시인과 이응로 선생이 머물렀던 곳. 그곳에 임종본 시인이 살고 있다.

'어리석은 사람은 인연을 만나도 몰라보고 보통 사람은 인연인 줄 알면서도 놓치고 현명한 사람은 옷깃만 스쳐도 인연을 살려낸다.' 피천득 선생 수필 '인연'에 나오는 말이다. 몇 해 전 서천에서 신석초문학상을 탈 때 나보다 먼저 오셔서 축하해 주신 분이 임종본 시인이었다. 지금도 내 서재는 임종본 시인이 보내준 일경구화 복륜覆輪 한 분이 그윽하다.

    멈출 수 없는

    시간 속에서

    하루쯤 머물며

    기억의 정거장 저만큼

    걸어갔을 그 길을

    생각한다

    깊은 밤

    소리 없이 쌓이는

    함박눈 위를

    외로운 등보이며

    걸어갔을

    그 사람도 생각한다

                          -「세모歲暮에」전문

이 시는 시간의 흐름 속에 만나고 헤어지는 어떤 인연의 모습을 아름답게 표현하고 있다. '멈출 수 없는 / 시간 속에서' 우리는 살아간다. 그러나 그것은 소멸이 아니다. 누군가는 '머물러 있고' 또 누군가는 '그 길을 기억'한다. 그러기 때문에 길은 영원히 멈출 수 없는 생각의 정거장인지도 모른다. 눈은 소리 없이 쌓이고 그 눈길 위에 '외로운 등'을 보이며 이별을 하고 걸어가는 이가 있다. 또 그 사람을 꺼지지 않는 촛불처럼 오래오래 생각하는 사람이 있다. 이 얼마나 서정적이고 아름다운 풍경인가. 내일이면 새날이 밝아 오는 섣달 그믐밤… 충청도 어느 내륙에서는 아직도 이런 그림이 그려지고 있는 것이다.

  '시인은 이별이다'라고 말한 시인이 있다. '이별'을 모르는 시인은 외로움을 모른다. 외로움을 모르고 어떻게 시를 쓰는가. 키에르케고르는 『고독이라는 병에서』에서 '외로움은 고독의 시작'이라고 했다. 인간에게서 외로움은 성숙의 과정을 의미한다. 아픔과 불면과 쓸쓸함은 극복해야 할 대상이지만, 그것은 다시 새로운 감수성에의 도전이며 감각적 어떤 체험의 능력이기도하다.

  걷다가 보면
  때로는 힘들고
  서러운 날도 있으리라
  쓸쓸한 추억처럼

걷다가 보면
때로는 힘들고
외로운 날도 있으리라
혼자 우는 눈물처럼

걷다가 보면
쨍하고 해 뜰 날도
눈부시게 찾아오리라
뜨거운 심장 소리로

걷다가 보면
희망찬 붉은 태양도
어둠 속에서 솟아오르리라
언제나 새날처럼
그렇게, 그렇게

- 「언제나 새날」 전문

  임종본 시인은 늘 새로운 시인이다. 아니 늘 새로움을 만들어내는 시인이다. 시 낭송의 권위자로 국내 유수의 낭송대회 심사위원으로도 활발한 활동을 하는 그는 우리시의 전도사이기도 하다. 시라는 것은 읽고 보는 것만으로 전부는 아니다. 시가 궁극적으로 완성된다는 것은 시의 본질인 송頌의 단계에 이르러야 하는 것이다. 송은 읊는다, 시란 노래가 되기까지 언어와 이미지와 상징이 다듬어져야 한다. 몇 해 전 미국 가수 밥 딜런이 노벨 문학상을 탔을 때 전 세계가 열광한 것은 시가 이제 제자리로 돌아 왔다는 기쁨 때문이었다. 우리나라에는 시조가 있다. 시조의 음보는 발생 초기부터 지금까지 지켜지고 있다. 시조 한 편에 수백 년 전 우리 선조들의 호흡이 들어있다. 이 얼마나 놀라운 일인가. 임종본 시인은 낭송 현장에서 많은 이들에게 위로와 희망의 메시지를 전하고 있다.

〈언제나 새날〉은 읽는 시이면서도 읊는 시이다. 음절이 꺾이지 않고 부드럽게 다가오는 것은 임종본 시인의 낭송적 취향이기에 가능한 것이다. 이 시를 소리 내어 읽어 보면 왠지 불끈 힘이 솟는다. 어려운 수사가 아니라 누구나 쉽게 이해하고 누구나 쉽게 따라 부를 수 있는 노래 기능이 있기 때문이다.

모란꽃 조선 여인
고택 뜨락에 내려오셨다
스란치마 끄는 소리 들릴 듯
뒷산 뻐꾸기 울음 동무하러 오셨다

아득한 이별처럼
찬란한 슬픔처럼
자줏빛 생애

모란꽃 저 여인

- 「화순옹주」 전문

  화순옹주는 영조의 둘째 딸로 1732년 김흥경의 아들 월성위 김한신과 결혼했다. 1758년 남편 김한신이 죽자 아버지 영조의 만류에도 곡기를 끊은 뒤 14일만에 사망하였다. 화순옹주는 추사의 증조모이다. 옹주의 발소리가 들릴 것 같은 고택의 오월, 시인은 뻐꾸기 소리와 함께 핀 모란꽃에서 '아득한 이별처럼 / 찬란한 슬픔처럼' 아름답고도 슬펐던 한 조선 여인의 '자줏빛 생애'를 떠올린다. 옹주-모란꽃-뻐꾸기로 이어지는 시적 삼각 구도는 현대시의 구조적 특징이다. 옹주(사람), 모란꽃(자연), 뻐꾸기(조류)는 모두 동양적 정서의 근간들이다. 수 한 뜸 한 뜸 놓듯 목각 판화처럼 아름답고 처절한 사랑이 이런 비유를 통해 아름답게 다가오는 것은 시인의 섬세하고 따뜻한 마음 때문일 것이다.

    어둠이 걷히고
    푸르른 대지 5월을 간다
    경건한 마음으로 바람 속을 간다
    희미해진 사랑과 꿈과 희망들
    물결처럼 떠나보낸
    속절없는 청춘이여

성난 파도의 일렁임만큼
5월의 밀밭에 더 큰 파도가 친다
가고 없었던 꿈처럼
야무진 내 가슴팍에도
파도가 넘실댄다
저 거대한 환희와 기쁨의 5월
파도가 넘실댄다

- 「5월을 간다」 전문

헤르만 헤세의 많은 작품은 산, 강, 풀, 이름 없는 들꽃 그리고 어린 시절부터 들판에 누워 바라보던 구름들이 주제였다. 임종본 시인도 그렇다. 꿈, 구름, 희망, 사랑과 같은 순수함을 바탕으로 하고 있다. 〈5월을 간다〉에서 어둡고 추운 겨울을 보내고 대지에서 맞이하는 5월은 아름답다. '경건한 마음'으로 걸어가는 바람 속에서 무심코 흘러 보낸 젊은 날의 '희미해진 사랑과 꿈과 희망' 그것은 너무나 속절없었다. 밀려오는 회한도 그리움도 야망도 자책도 5월의 바람 속에 모두 날려 보낸다. 이제 새로운 것으로 충만하리라. 흘러간 것은 흘러간 것이다. 앞으로 다가 올 5월은 축복이다. '성난 파도'처럼 넘실대는 '밀밭의 바람'이다. 거대한 환희와 기쁨이 파도처럼 밀려오는 것이다.

순수시는 본래 언어의 의미로 설명할 수 있는 것이 아니라 음악의 여운처럼 직접적이면서도 형언할 수 없는 세계다. 음악처럼 언어적 의미와 관계없는 효과를 내는 시, 누군가에게 울림을 줄 수 있는 시, 아픈 자에게 치유가 되고 외로운 자를 토닥여주는 따뜻한 시, 그런 시가 임종본 시인의 큰 장점이며 특징이다. 그런 의미에서 임종본 시인을 예산 밀밭에 넘실대는 초록색 바람 '5월의 시인'이라고 불러도 좋을 것이다.

    가을이 되면서 더욱 그리워지는 것은
    겨울처럼 날카롭지 않고
    여름처럼 뜨겁지 않고
    은근한 가을 색으로 물드는 그런 사람

    내가 미치도록 우울할 때도
    변함없이 웃음 띤 얼굴로 다가와
    가만가만 토닥이며
    언제나 그 자리 그렇게 있어 줄 사람

    할 이야기 별로 없어도
    마주앉아 차 한 잔 나누고 싶은 사람
    뜨거운 차 서로 후후 불며 마셔주는 사람

    모르는 척 그냥 넘어가도
    마음 헤아려주는 그런 사람

무명옷처럼 유난하지 않은

뒤꿈치 잘 닳은 신발 같은 사람

- 「내가 좋아하는 사람」 전문

'덕불고德不孤 필유린必有隣'은 논어에 있는 말이다. '덕은 외롭지 않다. 반드시 이웃이 있다' 공자께서는 후덕한 사람이 되라 한다. 어질고 착한 사람이 곧 유덕자이다. 덕은 벗을 만든다. 모진 사람에게는 벗이 없다. 오직 후덕한 사람만이 벗을 두고 산다. 공자가 논어 맨 앞머리에서 "벗들이 멀리서 찾아오니有朋自遠方來 어찌 즐겁지 않겠는가不亦說乎"라고 했다. 〈내가 좋아하는 사람〉은 누구일까. 사람마다 취향에 따라 다르고 성격에 따라 차이가 있겠으나 공자가 말한 덕德은 한가지이다. 겨울이나 여름처럼 개성이 강한 그런 사람이 아니고 '은근한 가을 색으로 물드는 그런 사람' 또 '내가 미치도록 우울할 때도 / 변함없이 웃음 띤 얼굴로 다가와 / 가만가만 토닥이며 / 언제나 그 자리 그렇게 있어 줄 사람' 또 할 말 별로 없어도 '마주앉아 차 한 잔 나누고 싶은 사람' 그것도 '뜨거운 차 후후 불며 함께 마실 수 있는 사람', '무명옷처럼 유난하지 않은 / 뒤꿈치 잘 닳은 신발 같은 사람' 그런 사람이 곁에 있다는 것은 인생을 살아가면서 얼마나 행복한 일인가. 그런 행복은 절대 그냥 오지 않는다. 내가 먼저 베풀고 내가 먼저 다가갈 때 오는 것 아니겠는가. 임종본 시인의 마음결이 느껴지는 시가 아닐 수 없다. 충청도에서도 예산은 그런 사람이 많은 곳이다. 너른 벌과 큰 호수 예당호가 있고 봄이면 사과꽃향기, 여름이면 덕숭산 맑은 바람이 내려 오시고 가을이면 가만히 '가을 색'으로 물이 드는 곳, "유시인 나는 광주에 가면 이상하게 화가 날 것 같다가도 순천에 가면 마음이 정 반대로 안온해 지는데 이게 모두 지역 이름 때문이라 생각해요" 생전에 법정 스님을 소설가 문순태 선생하고 불일암에서 만났을 때 들은 이야기다. 옛날부터 예산군수는 부임할 때 웃고 왔다가 떠나갈 때는 정 때문에 울며 떠난다고 했다.

하늘빛 호수 위에
봄이 내려오시고
풀꽃 내 자욱한 충청도의 밤
물소리, 바람소리에
아침이 밝아 온다
다시 찾아와 새들은 울고
뜰 아래 숲은 짙어만 간다

사무치는 그리움만
저 멀리 아득하구나
사람이 풍경이 되고
풍경이 다시 사람이 되는 날
흩어졌던 구름이

다시 모이듯

우리는 그 속에서

다시 희망을 노래한다

-「다시, 희망」 전문

 임종본 시인의 희망은 어디서 오는 것일까. 하늘 빛 호수? 풀내 자욱한 충청도의 밤, 새들의 울음소리? 뜰 아래 숲? 그도 아니면 어디일까? 그곳은 바로 '사람이 풍경이 되고 / 풍경이 다시 사람이 되는 날' 흩어졌던 구름이 다시 모이듯 사람답게 살아가는 인간 세상이다. 시인 임종본이 궁극적으로 추구해나가는 시의 세계는 바로 아무리 고되고 험한 세상이라도 꿈, 사랑, 희망을 잃지 않고 살아가는 이들의 곁에 있다. 저녁나절 뜸부기 울음처럼 타는 그리움으로 그렇게 모국어 앞에 경건한 마음으로 오래오래 예산의 작고 이름 없는 풀꽃과 넘실대는 초록빛 바람소리와 사과 향기 같은 보이지 않되 빛나는 임종본 시인을 우리는 또 한 번 기억하리라.

동부꽃 필 무렵

지은이 · 임종본
펴낸이 · 유재영, 유정융
펴낸곳 · 주식회사 동학사

1판 1쇄 · 2024년 8월 30일
출판등록 · 1987년 11월 27일 제10-149

주소 · 04083 서울 마포구 토정로53 (합정동)
전화 · 324-6130, 324-6131 | 팩스 · 324-6135
E-메일 | dhsbook@hanmail.net
홈페이지 | www.donghaksa.co.kr
www.green-home.co.kr

ⓒ 임종본, 2024

ISBN 978-89-7190-894-5 03810

저자와의 협의에 의해 인지를 생략합니다.
잘못된 책은 바꾸어 드립니다.
본 도서는 충청남도, 충남문화관광재단의 후원으로 발간되었습니다.